LA MER DE L'ALFA

---

NOTES DE VOYAGE

---

# LA MER DE L'ALFA

## NOTES DE VOYAGE

PAR M. CH. CONTEJEAN.

Alger, le 21 septembre 1885.

Départ à 6 heures du matin par la ligne d'Oran. A la suite de l'orage d'hier l'air est saturé d'humidité, et la chaleur commence à devenir lourde, quoique le thermomètre de la gare marque à peine 24 degrés. Nous allons bon train sur ce réseau de la compagnie P.-L.-M., dont la vitesse contraste agréablement avec la lenteur des autres lignes de l'Algérie et de la Tunisie; vitesse relative toutefois, et même fort modérée absolument parlant, puisqu'on met encore 13 heures à franchir les 421 kilomètres qui séparent Alger d'Oran. A la Maison carrée, nous entrons dans la plaine de la Mitidja, séparée de la mer par les basses collines du Sahel, qui développent, sur de longs espaces, leurs croupes uniformes et presque rectilignes. De l'autre côté, bordant les hauts plateaux du sud, le petit Atlas porte à une altitude de 1,000 à 1,600 mètres ses sommets déchiquetés, au-dessous desquels s'étalent des pentes ravinees couvertes de menus bois et de broussailles, quand elles ne sont pas absolument nues. D'abord herbeuse et humide, la Mitidja ne tarde pas à s'élever et à s'assainir, et peu à peu les cultures les plus variées remplacent les prairies marécageuses et les eucalyptus, qui prennent ici des dimensions énormes, et dont l'odeur se fait sentir jusque dans nos voitures. Les fermes et les lieux habités deviennent de plus en plus fréquents. Entourés de murs de cyprès qui les dérobent presque aux regards, les villages sont comme perdus au milieu de jardins luxuriants, où les bananiers et les orangers vivent fraternellement avec nos légumes et nos arbres fruitiers d'Europe. Les vignes sont les plus belles qu'on puisse voir ; elles suffiraient à enrichir le pays. Malheureusement le phylloxera vient de faire son apparition dans la province d'Oran. Il y a, comme partout en Algérie, des routes magnifiques, mieux entretenues peut-être que les nôtres, et les petites villes où l'on s'arrête, notamment Boufarik et Blida, qui sont assises au pied des montagnes dans des sites ravissants, ont une remarquable apparence de prospérité. Nous allons chercher bien loin des colonies d'un rapport problématique, lorsqu'il reste en Algérie et en Tunisie des millions d'hectares qui produiront tout ce qu'on voudra, à condition qu'on y amène de l'eau, ce qui est presque toujours possible. On franchit le large torrent de la Chiffa, à l'issue de la gorge pittoresque où il prend naissance, puis la vallée s'élève et se resserre, et la voie s'enfonce dans le massif montagneux qui sépare la Mitidja du bassin de Chélif. Ce sont de hautes collines mamelonnées, entrecoupées de gorges ravinées couvertes de jujubiers, de lentisques et de palmiers nains, et semées de grandes touffes du *Daphne Gnidium* en pleine floraison. Quelques troupeaux broutent les herbes desséchées des pelouses, au milieu desquelles s'élèvent les hampes et les longs épis de ce *Scilla* qu'on voit partout dans l'Afrique du nord. Saluons en passant le village prospère de Vesoul-Bénian, habité et baptisé par mes braves compatriotes franc-comtois, qui cultivent la vigne avec entrain.

La vallée du Chélif, où nous pénétrons bientôt, contraste avec celle de la Mitidja. A son origine, il n'y a guère que des pâturages marécageux, où paissent des moutons et des porcs, dont les gardiens habitent de misérables gourbis fort clairsemés ; plus loin, quand les cultures prennent de l'extension, les champs de céréales alternent trop fréquemment avec des landes humides et des friches couvertes de tamarix et de plantes salines. Le Chélif, qui la parcourt de l'est à l'ouest, est la plus grande rivière de l'Algérie ; il prend sa source dans les hauts plateaux du sud, et décrit un grand coude qui le reporte à l'ouest. Les eaux épaisses et limoneuses occupent actuellement un espace extrêmement restreint dans un lit d'une largeur énorme, entre de hautes berges à pic, rongées et démolies à chaque crue. D'abord fort élevées et fort tourmentées, les collines littorales ne tardent pas à s'affaiser sur notre droite, et finissent par disparaître dans le voisinage d'Oran. Les montagnes de gauche ont un sort analogue, et le puissant massif de l'Ouarensenis, dont les hauts sommets se trouvent encore assez loin dans le sud, borde les flancs de la vallée de pentes ravinées, qui se dépriment de plus en plus, et font bientôt place à des collines rocailleuses sillonnées d'érosions sèches, et semées de blancs marabouts. On appelle ainsi de petits édifices cubiques, de la construction la plus grossière, coiffés d'un dôme, avec la porte d'entrée pour unique ouverture. Ceux qui sont habités donnent asile à un saint homme parfaitement abruti, souvent visité par des troupes de femmes et d'enfants qui lui apportent sa nourriture. Sans que la contrée ait beaucoup changé d'aspect, nous passons devant une foule de stations, correspondant presque toutes à des centres populeux, notamment Affreville, qui dessert Miliana, puis Duperré, Orléansville, Malakof, Relizane et

Perrégaux, où l'on arrive à 5 heures. Pour aujourd'hui ce sera le terme de mon voyage, car c'est ici que l'on prend la ligne de Saïda, qui coupe à angle droit celle d'Alger à Oran, et conduit dans les hauts plateaux du sud connus sous la dénomination de mer de l'Alfa.

Comme une infinité d'autres localités algériennes, Perrégaux a reçu le nom d'un général qui s'est distingué pendant la conquête. Comme beaucoup de ses congénères également, c'est une petite ville en damier, largement étalée sur un terrain horizontal, avec places spacieuses et larges avenues ornées de magnifiques palmiers. Son origine ne date pas de loin, aussi n'a-t-on pu encore songer au pavé, non plus qu'à beaucoup d'autres détails, mais on a pourvu au plus essentiel; les édifices publics, notamment le grand marché, l'église et la mairie, en valent bien d'autres. Les maisons n'ont guère qu'un étage, quand elles en ont un : telle est la règle générale dans toute la colonie ; l'espace ne manque pas autour des nouvelles fondations, et il est beaucoup plus commode de s'étendre en surface qu'en hauteur.

Mon gîte assuré à l'hôtel de Lyon, le seul qui ait un omnibus, je me hâte de faire connaissance avec la localité. Il faut marcher avec circonspection pour éviter les flaques d'eau, derniers témoins de l'orage de la veille. La petite ville est en liesse, et continue à célébrer sa fête annuelle, qui tombait hier. Les édifices publics sont superbement pavoisés, le drapeau tricolore se déploie à toutes les fenêtres, les marchands forains, les chevaux de bois, les théâtres en plein vent, occupent la place principale, où les arracheurs de dents et les saltimbanques débitent leur boniment : on se croirait en France. La population est espagnole en grande partie, et les hommes ont conservé le costume des ouvriers de leur pays : gilet et manches de chemise, ceinture de couleur sur le pantalon, petit chapeau noir aux bords quelquefois retroussés.

Dans la soirée, un orage aussi bref que violent inonde de nouveau les rues.

22 septembre.

Le départ pour Saïda et les hauts plateaux n'ayant lieu qu'à midi, j'aurai largement le temps de visiter le fameux barrage de l'Habra, situé à 12 kilomètres au sud de Perrégaux, à l'entrée des montagnes. Mon compagnon de promenade est un propriétaire-cultivateur fort au courant des choses de l'Algérie. A 6 heures nous montons en voiture. Le ciel reste nébuleux, et les flaques d'eau recouvrent le sol de plus belle. On prend la route de Mascara, qui s'engage presque immédiatement dans les collines, en remontant la vallée de l'Habra. Actuellement réduite à un mince filet d'eau, la rivière divague à son aise dans des alluvions caillouteuses et argileuses, profondément démolies à pic ou affaissées par les éboulements. Les parties à sec et les bancs de sable sont encombrés de tamarix et de lauriers roses ; au milieu des landes incultes qui constituent la majeure partie du fond plat de la vallée, se distinguent les mêmes tamarix avec beaucoup de plantes salines, surtout *Atriplex* et *Artemisia*. Sur notre gauche, une ligne sinueuse de jeunes peupliers marque la direction du canal qui conduit les eaux du bassin dans la plaine. La vallée s'encaisse de plus en plus, bientôt bordée de véritables montagnes ; elle est ouverte dans les grès et les argiles du terrain tertiaire moyen, auxquels succèdent, au rétrécissement de la digue, de puissantes assises crétacées extrêmement dures, qu'on prendrait facilement pour du calcaire jurassique. Déjà de loin le barrage se présente comme une haute muraille interceptant la vallée entre deux pentes fort rapprochées. Il est beaucoup plus élevé, mais pas aussi long que celui de Saint-Ferréol, qui alimente notre canal du Midi, et

*

se compose de deux parties juxtaposées à angle obtus : un déversoir et le barrage proprement dit. Les dimensions que nous donne le gardien diffèrent un peu de celles que je trouve dans l'*Itinéraire de l'Algérie* de M. Piesse ; les voici telles quelles : développement total 487 mètres, dont 128 pour le déversoir ; largeur à la base 38m,90, à la cote 1, 25 mètres, dans le haut, 4m,30 ; hauteur en aval, 40 mètres, à la cote 1, 34 mètres. En amont, les eaux des trois rivières réunies ici pour former l'Habra, sont rassemblées en un lac qui remonte pendant 7 kilomètres deux des vallées confluentes, et pendant 4 kilomètres la troisième ; la contenance de cet immense bassin est évaluée à 14 millions de mètres cubes. Il y a tout un système d'appareils pour déverser le trop plein des eaux, lesquelles s'écoulent avec un bruit de tonnerre par deux robinets ayant au moins 80 centimètres de diamètre, beaucoup plus grands, par conséquent, que ceux du célèbre bassin de la Montagne noire. Ils peuvent débiter jusqu'à 300 litres à la seconde. Un seul homme les met en jeu facilement. Nous prenons les dimensions du canal d'écoulement, qui est presque imperceptible à côté de l'immense muraille, et nous lui trouvons 80 centimètres de largeur sur 90 de profondeur. On se demande avec surprise si c'est à un si mince résultat qu'ont abouti tant d'efforts ; cependant, tout modeste qu'il paraisse, ce canal répand la fertilité dans un vaste territoire, et sans doute la Société Debrousse et Cohen, qui l'a établi à ses risques et périls, en échange d'une concession de 24,000 hectares dans la plaine de Perrégaux, y trouve largement son bénéfice. Malgré son étonnante solidité, le barrage a été percé en 1872 et en 1881, cette dernière fois sur le tiers de sa longueur à partir de la rive droite ; au dire du gardien, les reconstructions ont coûté 1,800,000 fr., et l'établissement premier, 5,000,000. D'énormes blocs de la muraille, mesurant plusieurs mètres de côté, ont été entraînés par la débacle fort loin en aval, et s'élèvent comme des masses rocheuses au milieu du lit de la rivière, où nous descendons, notre guide assurant qu'on y trouve des fossiles. En effet, à force de chercher, nous finissons par découvrir les fragments empâtés dans la roche et presque méconnaissables d'une grande huître qui pourrait bien être l'*Ostrea aquila ;* cette détermination sous toutes réserves, bien entendu.

Au retour, mon compagnon de voyage me donne des renseignements intéressants sur l'Algérie, où il est né et où il possède de grandes propriétés. Sa venue à Perrégaux avait pour but d'embaucher des ouvriers espagnols, qu'il préfère à tous les autres. Ce sont, assure-t-il, d'excellents travailleurs, entendant au mieux la culture maraîchère, et passés maîtres en fait d'irrigations. Une partie de ses terres leur est affermée, ainsi qu'à des Français et à des Arabes. Ces derniers, les plus éloignés et les plus mal lotis, le paient toujours, les Espagnols quelquefois, les Français jamais. Aussi n'en veut-il plus. Il faut bien le dire : nos émigrants se rebutent facilement, manquent de persévérance, abandonnent la terre pour devenir cantiniers, petits marchands, hommes de loi marrons ou pour pratiquer toute sorte d'industries interlopes ; un trop grand nombre s'adonne à l'absinthe ; d'ailleurs la France est trop près, et beaucoup y vont finir leurs jours, après avoir tiré un parti suffisant pour eux d'exploitations qu'ils auraient pu agrandir et rendre prospères. Un autre malheur, c'est que les aventuriers envahissent la colonie presque autant que les travailleurs sérieux. Il va sans dire que ce qui précède comporte de nombreuses et honorables exceptions ; et peut-être mon propriétaire broyait-il un peu de noir.

A midi a lieu le départ pour les hauts plateaux du sud. Le voyage s'opère à petites journées sur le chemin de fer à voie étroite et unique établi par la compagnie de l'Alfa, car il faut trois fois vingt-quatre heures pour arriver à l'extrémité de la ligne, dont la longueur n'est que de 352 kilomètres. Elle commence à Arzeu, petit port voisin d'Oran, et se termine actuellement à Méchéria ; mais on doit la prolonger jusqu'au Figuig, ce qui lui donnera un développement total de 560 kilomètres.

Qu'il me soit permis d'ouvrir une parenthèse à propos du nom de la première de ces localités, que les indicateurs du chemin de fer écrivent Arzew, que les journaux écrivent indifféremment Arzew et Arzeu, et que j'ai toujours entendu prononcer Arzeu. Dans sa *Géologie de l'Algérie*, mon ami Emilien Renou écrit Arzew, et dit qu'on prononce Arziou. Il est possible que les indigènes disent ainsi, et que la prononciation actuelle ait pour origine l'orthographe anglaise malencontreusement employée par les premiers occupants, à l'époque de la conquête. Peu à peu a été perdue de vue la prononciation arabe, qu'un bien petit nombre de personnes avaient eu occasion d'entendre sur place, et l'on a dit Arzeu comme on dit Neu-York. Loin de moi la pensée de jeter la pierre à mon excellent ami et à ceux qui l'ont imité : trop facilement nous adoptons les noms étrangers tels que nous les transmettent les autres peuples, en conservant leur orthographe, quand on pourrait tout aussi bien les exprimer dans la nôtre. Quelle nécessité d'écrire Mysore pour Maïssour, Shangaï pour Changaï, Tagliamento pour Taillamento ? Il y a lieu de féliciter grandement M. Elysée Reclus d'avoir rompu avec ces fâcheuses habitudes ; et encore, sans sortir de l'Algérie, pourrait-on le chicaner sur certaines dénominations, et lui demander, par exemple, pourquoi il écrit Rummel pour Roummel, Aurès pour Aourès.

Mais j'ai hâte de revenir au chemin de fer. Une surprise attend le voyageur. Ayant pris un billet de seconde, je voyage en troisième, car il n'y a pas de voitures de première classe :

les secondes s'appellent premières, et les troisièmes, secondes. Mes compagnons de route sont quelques fantassins qui vont rejoindre leur corps, puis le régisseur d'une troupe de comédie, qui voyage avec sa femme et deux toutous. Il va installer ses artistes à Saïda, où nous arriverons ce soir. Je lui demande si son directeur a de l'argent à manger ; il me répond que non seulement on n'en mange pas, mais qu'on en gagne quelquefois. En effet, le nombre des flâneurs et des oisifs est grand dans les petites villes de l'Algérie, et il y a en plus les militaires, qui ne savent comment occuper leurs loisirs.

La voie s'engage dans la vallée de l'Habra, faisant escorte à la route que nous avons suivie ce matin, et franchit de véritables thermopyles au rétrécissement du barrage. Elle s'élève ensuite, par une rampe continue, dans des gorges extrêmement sauvages, fréquemment suspendue à l'extrême bord de terrasses profondément effritées, où l'on peut craindre qu'il n'arrive quelque catastrophe. De l'autre côté du précipice, certaines pentes d'argile blanche, étonnamment ravinées, rappellent, à s'y méprendre, les sites analogues de la vallée supérieure du Tibre. De hautes crêtes rocheuses s'élèvent de toutes parts, dominant des talus rocailleux où se détache de loin en loin le feuillage presque noir du *Pistacia atlantica.* C'est un paysage de toute beauté. Après beaucoup d'efforts le train arrive en haut, et chemine désormais dans un premier étage de plateaux, dont l'altitude oscille entre 500 et 600 mètres, avec quelques écarts en plus ou en moins.

Je crois utile d'ouvrir ici une nouvelle parenthèse pour expliquer la topographie de la contrée.

Du nord au sud l'Algérie comprend : 1° une région basse littorale ou Sahel ; 2° une région de hauts plateaux à peu près horizontale, d'une altitude moyenne de 1,000 mètres ;

3° le désert du Sahara, qui descend au-dessous du niveau de la Méditerranée dans le sud de la province de Constantine. A partir de la frontière du Maroc, où leur largeur est de plus de 200 kilomètres et où leur altitude dépasse 1,100 mètres, les plateaux se rétrécissent en allant à l'est, et se dépriment un peu pour se fondre dans les massifs montagneux voisins de la Tunisie. Une série de hauteurs parallèles à la mer, connues sous le nom de petit Atlas, les sépare de la région littorale, et les domine de 500 à 600 mètres ; une autre série de chaînes parallèles aux premières, et connues sous le nom de grand Atlas, les sépare du désert, et les domine quelquefois de plus de 1,000 mètres. Les plateaux sont en outre parcourus par de petites montagnes orientées de diverses façons, mais le plus souvent transversales ; elles forment des saillies de 200 à 300 mètres au-dessus du niveau commun. Telle est la topographie *moyenne* de l'Algérie, tel serait à peu près le relief du sol le long du méridien d'Alger. Les plus hauts sommets de la colonie se trouvent dans les Djebel-Aourès (altitude 2,312 mètres), qui font partie du grand Atlas, au sud de la province de Constantine, et dans la chaîne des Baber et du Jurjura (altitude 2,308 mètres), dont les crêtes abruptes surgissent près du littoral entre Bône et Alger, dans le pays des Kabyles. J'écris le nom de la dernière de ces chaînes en adoptant l'orthographe usuelle, dans l'ignorance de la véritable. L'Algérie n'est donc pas telle que je me l'étais longtemps figurée : à part les Aourès, le Jurjura et l'Ouarensenis, qui s'élève à près de 2,000 mètres dans le coude du Chélif, elle ne renferme pas de montagnes bien sérieuses, et il faut aller chercher très loin dans le Maroc le véritable Atlas, énorme et puissant massif qui se maintient partout au-dessus de 3,000 mètres, et dont les sommets dépassent 4,000 mètres. Il en résulte que les noms de grand Atlas et de petit Atlas sont tout à fait impropres quand on veut désigner les montagnes algériennes ; à plus forte raison, en est-il de même du nom d'Atlas appliqué au système des hauts plateaux et à tout ce qui s'élève au-dessus du Sahara et de la région côtière. On a sans doute compris que le Jurjura et les Baber, qui occupent la place des collines maritimes, constituent une exception à la topographie générale de l'Algérie ; la partie de la province d'Oran où nous voyageons en offre une seconde. En effet, il n'y a plus ici de collines littorales non plus que de grand ni de petit Atlas, mais seulement trois gradins de plus en plus élevés à partir de la mer, savoir : la plaine du Chélif ; les plateaux de Mascara, que nous traversons actuellement ; à partir de Saïda un second étage de plateaux, dont l'altitude dépasse quelquefois 1,100 mètres et qui s'étendent indéfiniment vers le désert, occupés par le steppe herbeux de la mer de l'Alfa.

Toujours semés de blancs marabouts, les plateaux de l'étage moyen se présentent d'abord comme une plaine unie ; à peine quelques petites crêtes dessinent-elles de faibles saillies à l'extrême horizon. Ils sont envahis par des palmiers nains, groupés en grandes corbeilles rondes ou ovales, dans les intervalles desquelles se remarquent de loin en loin les éteules desséchés de chétives cultures arabes. Des chèvres et des moutons, gras et bien en chair, trouvent le moyen de subsister et même de prospérer dans ces déserts arides, où il n'y a pas le moindre brin d'herbe verte. Leurs propriétaires habitent de grandes tentes à peu près neuves et en bon état, ce qui se voit bien rarement en Algérie. Elles n'ont rien de commun avec nos tentes militaires, et consistent en un tapis en carré long, de dimensions énormes, toujours noir, et, le plus souvent, troué et rapiécé au possible, soutenu à une faible hauteur par des perches verticales, de manière à former une sorte de hangar largement ouvert des deux côtés, mais fermé aux extrémités, parce que c'est là seulement que le tapis est fixé au sol, et ensuite parce qu'on y entasse de la terre et des pierres pour le maintenir. C'est sous cet abri que vivent les Arabes, hiver comme été, accroupis sur la terre nue avec leurs femmes et leurs enfants, et dévorés par les puces. Dans nos voitures, nous sommes dévorés par les mouches.

A l'argile et au grès tertiaire succède le calcaire jurassique dur et compact; le plateau devient ondulé, et presque subitement les jujubiers et les lentisques remplacent le palmier nain, que je crois un peu calcifuge. D'ailleurs rien de plus fréquent, dans les steppes algériens, que cette juxtaposition, sans pénétration aucune, d'essences végétales absolument différentes. J'aurai occasion d'en citer encore bien des exemples. Ce changement à vue a lieu au sortir de la station de Traria. On a franchi les érosions d'un oued sans eau; plus loin la contrée se transforme en un maquis rocailleux, couvert de buissons dans les intervalles desquels se dressent les tiges mortes ou ébranchées de misérables thuyas, chargées de leurs grosses baies glauques. On traverse encore plusieurs torrents à sec, puis la plaine s'incline un peu à notre droite, et en avant s'élèvent graduellement les pentes ravinées et tourmentées des plateaux de l'étage supérieur, dans lesquelles s'engage bientôt la voie, en remontant le cours de l'Oued-Saïda. Les collines nous enserrent de plus près; dans le fond, les champs de pommes de terre, les maïs et les vignes alternent avec de belles prairies; les jardins et les fermes se multiplient, et à 5 heures nous descendons à Saïda, notre train n'allant pas au-delà.

Plus on pénètre dans l'intérieur du pays, plus les choses se simplifient. Il n'y a pas même ici d'omnibus. Après avoir aidé le régisseur à extraire de la voiture sa volumineuse moitié, je m'achemine pédestrement du côté de l'unique hôtel de l'endroit, conduit par un petit nègre qui porte ma valise. Toutes les localités récentes de l'Algérie semblent jetées dans le même moule, et l'on retrouve encore ici l'éternel damier. La ville occupe une pente inclinée du côté du nord; à l'est de la grande place du marché s'élève une mosquée blanche édifiée sur la crête d'un profond ravin, et tout à fait dans le haut, la route qui va plus au sud traverse un quartier militaire entouré d'un mur percé de meurtrières. Il y a en outre de grandes casernes et de grandes écuries à ciel ouvert sur la colline qui domine la ville de l'autre côté du ravin, et dans un vallon rapproché sont alignées les tentes d'un petit camp. Saïda est assise au milieu des pentes rocailleuses qui limitent au nord la région des hauts plateaux; l'altitude dépasse déjà 800 mètres. Le sol géologique consiste en un calcaire jurassique dur et rugueux, de couleur sombre, où je cherche en vain des fossiles, mais sur lequel je puis observer à loisir de beaux spécimens du *Pistacia atlantica*. C'est un grand arbre en boule, à verdure très foncée, mais non luisante comme celle du lentisque, dont il a les feuilles pennées; le tronc est fort gros, et rappelle celui du chêne vert; le bois est fort dur, la croissance, extrêmement lente.

23 septembre.

Départ pour les hauts plateaux à 7 h. du matin. Il a fait un nouvel orage pendant la nuit, et le ciel reste couvert. Cette fois je voyage en seconde, ayant pris un billet de première, et seul jusqu'au bout, car il n'y a que des ouvriers et quelques soldats dans les autres voitures. Les passagers sont d'ailleurs l'accessoire, le chemin de fer n'ayant été entrepris qu'en vue de l'exploitation de l'alfa et des transports mililaires ; aussi nous mène-t-on comme des marchandises, avec force secousses et arrêts brusques. Notre convoi a locomotive en tête et en queue, et se déploie longuement dans les innombrables sinuosités de la voie, laquelle escalade péniblement les pentes des hauts plateaux. La roche est toujours le calcaire jurassique, aride et dénudé. A notre gauche, l'Oued-Saïda roule ses eaux salies par l'orage dans une gorge extrêmement resserrée, et bientôt s'encaisse entre deux massifs abrupts, dont l'un incline de notre côté son versant rocailleux, occupé dans le haut par une grande muraille en carré long, aujourd'hui ruinée et bouleversée. On dirait des vestiges romains. Ce rempart défendait la ville d'Abd-el-Kader, qui fut occupée par nos troupes le 28 mars 1844, et dont il ne reste plus rien. Longtemps encore continue notre ascension dans des pentes extrêmement dangereuses, la voie se trouvant à chaque instant suspendue, à une hauteur énorme, sur des terrasses et des talus effrités jusqu'au contact des traverses. Nous abordons enfin le haut plateau, qui est couvert ici de palmiers nains et de petits buissons du *Passerina hirsuta*. Les premiers îlots d'alfa commencent à se montrer. Je reviendrai plus loin sur cette plante si utile, dont on fait des cordages, des nattes, du papier, et avec laquelle on a essayé, sans grand succès, de confectionner les pantalons de treillis de nos soldats. La première station de quelque inportance est Aïn-Hadjar (alt. 1,024 m.), où l'on s'arrête 25 minutes. Cette localité fut pillée et incendiée en 1881 par les bandes de Bou-Aména, mais il n'y paraît plus. Ici se trouvent les grands ateliers de l'alfa, qui arrive en petites bottes, comprimées ensuite à la presse hydraulique, et entassées dans des vagons à claire-voie. Ce travail occupe plusieurs centaines d'ouvriers, logés dans des maisons à un seul rez-de-chaussée, qui forment déjà une petite ville. La gare est encombrée d'énormes convois d'alfa, et à l'extérieur, la précieuse denrée forme d'épaisses murailles jaunâtres, d'une longueur interminable.

On se remet en route par la pluie, toujours avec grande lenteur et force secousses. Il fait presque froid. Nous traversons les plateaux nus et déserts, où, de loin en loin, pâturent des troupeaux qui vivent on ne sait trop de quoi, le steppe n'étant couvert que d'un *Artemisia* vert d'assez grande taille, que les bêtes ne broutent pas. — Encore quelques marabouts, et, sur notre gauche, de grandes pierres dressées et alignées, représentant peut-être une de ces enceintes mégalithiques assez fréquentes en Algérie. Plus loin, le plateau s'ondule légèrement, les flots d'alfa disparaissent, et sur toute l'étendue visible sont disséminés, au milieu des *Artemisia*, les buissons d'un genévrier qui se projettent les uns sur les autres de manière à simuler des forêts lointaines dans certaines directions, exactement comme les châtaigniers épars du Limousin. — Tafaroua (alt. 1,150 m.) : c'est ici qu'on atteint le point culminant de la voie. A leur tour, les genévriers font place à un petit *Artemisia* distinct du précédent, et dont les touffes sèches et grisâtres, ressemblant de loin à celles d'une labiée suffrutescente, occupent le plateau sur toute son étendue. — Krafalla (alt. 1,109 m.) : 30 minutes d'arrêt. Cela me donne le temps de casser une croûte et de prendre un verre de vin d'Espagne à la cantine, qu'il faut aller chercher un peu loin, à côté d'un grand magasin, sur la façade duquel on lit : Gazaniol père, fils et... Cie. La gare est encombrée d'alfa, et sur les rails stationnent des vagons-citernes en tôle, qui vont s'approvisionner plus loin aux sources du Kreider. L'eau douce manque absolument dans ces steppes, dont la traversée était naguère aussi dangereuse que celle du Sahara, ainsi que le témoignent les carcasses d'ânes et de chameaux qu'on rencontre fréquemment.

C'est à partir de Krafalla que commence, à proprement

parler, la mer de l'Alfa. Cette plante envahit le plateau, à l'exclusion de tout autre végétal ligneux ou herbacé. L'alfa est une graminée cespiteuse, dont les souches, incroyablement entrelacées, et d'une solidité extrême, forment des touffes un peu espacées, au sommet de petites mottes noirâtres, en partie constituées par les vieilles feuilles décomposées. Quelques chaumes subsistent encore, surmontés de leur étroite panicule unilatérale, qui les fait un peu ressembler de loin à l'avoine de Hongrie. On n'utilise que les feuilles, longues d'environ 5 décimètres ; elles sont enroulées, filiformes et de la grosseur d'une fine aiguille à tricoter ; leur excessive résistance a fait donner à la plante le nom botanique de *Stipa tenacissima*. Nous traversons un assez grand nombre de petites stations complètement isolées au milieu du désert, et transformées en autant de forteresses minuscules, avec terrasses crénelées, réduits en tôle suspendus aux angles et destinés à empêcher l'accès des murs, portes et volets en fer à l'épreuve de la balle, fenêtres munies de solides barreaux. Elles sont alimentées d'eau par les vagons-citernes. D'ailleurs, absolument déserte et inhabitée, la contrée se trouve sur le passage des caravanes qui vont à Oran. La plupart sont escortées par des cavaliers bien vêtus, bien montés, armés d'un fusil qu'ils tiennent en travers devant leur haute selle. Ces hommes n'ont rien de commun avec les malheureux chameliers, lesquels vont à pied, au plus à bourricot, et sont à peine couverts de quelques guenilles. Le ciel se dégage enfin, et le soleil éclaire l'immense plaine jaunâtre, où l'on voit de grandes surfaces incendiées. Bientôt apparaît à notre droite la branche occidentale du Chotte-el-Chergui, dont les rives, par un singulier effet de mirage, paraissent suspendues au-dessus de l'eau. Plus loin, à l'extrême horizon, commence à se profiler la chaîne du Djébel-Antar, qui court de l'ouest à l'est, et se recourbe ensuite du côté du sud.

A midi et demie, halte d'une heure au Kreider, poste militaire fort important, où descendent nos troupiers. La petite localité est située au centre de la dépression du Chotte, et à l'entrée de l'isthme qui le sépare en deux lacs distincts. D'une assez faible profondeur, cette immense nappe d'eau salée, aux rives absolument plates, s'étale de l'ouest à l'est sur une longueur de près de 150 kilomètres; sa largeur moyenne atteint au plus 20 kilomètres; l'altitude doit être à peine inférieure à celle du Kreider, indiquée à 988 mètres dans l'*Itinéraire* de M. Piesse, à qui j'emprunte la plupart de mes chiffres. A l'est de la voie ferrée, une faible colline, accident unique au milieu de ces immenses plaines, domine toute la contrée; elle est occupée par un fort et par les établissements de l'armée, et plus au nord, sur la terre nue, sans arbres et sans ombre, s'élèvent les maisons d'un village naissant, disséminées sur une pente qui descend à la gare. Celle-ci est une véritable forteresse; les grands magasins militaires qui bordent la voie sont entourés d'un mur crénelé, et même d'un petit fossé, si j'ai bonne mémoire. Comme on ne trouve absolument rien à manger ici, je profite de l'arrêt du chemin de fer pour explorer la contrée, et pousser une petite reconnaissance jusqu'au sommet du plus élevé des monticules qui se trouvent au sud-ouest du fort. La vue est superbe sur les Chottes et sur le Djébel-Antar, qui s'est beaucoup élevé à l'horizon sud. Tout près, et un peu au-dessous de la gare, les bords marécageux du lac salé, où pâturent des chameaux noirs, sont couverts de grandes herbes, de roseaux et de joncs qui dessinent de grandes taches sombres, et dans le milieu de la dépression s'élèvent les vastes bâtiments de quelque exploitation, entourés d'arbres qu'on est assez surpris de rencontrer au milieu de ces déserts.

Au départ, il fait tout à fait beau. On franchit le Chotte-el-Chergui à son milieu, où il y a un étranglement bien marqué, tandis qu'à droite et à gauche ses eaux bleues s'étendent à l'infini, comme la mer. C'est une région de petites dunes de sable blanc, semées de rares touffes d'alfa, et d'un *Corispermum* qui marque des taches noires sur le sol; en avant, c'est-à-dire au sud, l'horizon apparaît d'un bleu foncé, presque autant que le grand désert à Biskra. Puis le plateau se relève insensiblement, et l'on franchit, toujours en pleine mer de l'Alfa, plusieurs stations où l'altitude dépasse 1,000 mètres. La gare d'El-Biod est plus grande et mieux fortifiée que les précédentes: on sent que l'on se rapproche du Maroc et des tribus insoumises. Maintenant le steppe devient caillouteux, et se dénude sur de grandes surfaces; le petit *Artemisia* reparaît çà et là. Les rencontres se multiplient, et souvent des troupes de Maugrabins caracolent autour de nous, le fusil en travers devant la selle; ils ont l'air d'auxiliaires militaires. Une grande caravane passe à notre droite, aristocratique en comparaison des précédentes. Quelques chameaux, dont l'un de taille gigantesque, portent au sommet de leurs bosses des litières carrées en cerceaux, terminées par une sorte de dôme pointu, drapées d'étoffes aux vives couleurs, dont les franges traînent presque jusqu'à terre: c'est un tableau du plus pur Orient, aussi nouveau qu'imprévu. Les blanches carcasses d'ânes et de chameaux se voient toujours de loin en loin. Nous nous rapprochons du Djébel-Antar, qui commence à s'infléchir du côté du sud, et dont les sommets ondulés s'élèvent de 300 à 400 mètres au-dessus du plateau. Dans une gorge lointaine, de grandes surfaces rocheuses, absolument nues, ressemblent tellement à des taches de neige, que je me demande un instant si nous n'avons pas en vue quelque portion de l'Atlas marocain. Mais les cavaliers indigènes se montrent en troupes de plus en plus nombreuses, mêlés à nos spahis; nous passons à côté d'un grand campement de tentes blanches, autour desquelles tourbillonnent en courses désordonnées une foule d'Arabes, qui semblent n'être montés à cheval que pour leur plaisir ; bientôt après, à 5 heures et demie, le train s'arrête à Méchéria, à l'extrémité de la ligne, où je m'arrête également, regrettant de ne pouvoir aller plus loin.

Trouverai-je à manger, et ne serai-je pas obligé de coucher dans une voiture du chemin de fer ? C'est une question que je m'adresse avec quelque inquiétude, ne voyant à la gare que deux ou trois employés. Ici, en effet, les choses se sont encore simplifiées : il n'y a plus d'auberge. Heureusement un bon gendarme de planton me tire d'embarras, et me fait conduire par un nègre dans la petite ville naissante, où je trouverai à souper chez un Lyonnais, et à coucher chez un vieux couple espagnol, qui veut bien me céder son propre lit, — propre, au figuré, mais on mettra des draps blancs. Le vivre et le couvert ainsi assurés, il me reste encore près de deux heures de jour pour faire connaissance avec la localité.

Située entre le 34e et le 33e parallèle, à une altitude de 1,158 mètres, Méchéria occupe, au pied même de Djébel-Antar, une pente qui s'incline d'abord assez brusquement à l'est et au sud, où se déroule l'immense panorama du stèppe. Tout-à-fait à l'horizon commence à surgir une longue chaîne bleue, à pente très raide, sillonnée d'innombrables ravinements parallèles. Entre la gare et la montagne s'étend un grand établissement militaire, véritable forteresse renfermant des casernes, des magasins et des manutentions dans son enceinte quadrangulaire percée de meurtrières ; plus haut encore, sont alignées en longues files les tentes blanches et coniques d'un camp fort étendu. Un ravin à sec descend du Djébel-Antar, et sépare le camp d'un village de gourbis et de tentes arabes, autour desquelles paissent des chameaux et des moutons. Quelques masures européennes, entourées de petits jardins, forment un autre village entre le ravin et le fort.

Au-dessous du chemin de fer, s'élève la ville proprement dite, si ville il y a déjà : elle consiste, pour le moment, en une grande place carrée un peu en pente, ouverte du côté de la montagne, et bordée, sur les trois autres faces, de misérables maisons en pierre à un seul rez-de-chaussée, avec lesquelles contrastent par leur dimension, je dirai presque par leur élégance, un hôtel-de-ville et une église édifiés dans le bas. De grands magasins militaires et d'immenses murailles de fourrage sont installés à la station même, dans un terrain vague où l'on charge une multitude de chameaux, qui portent dans le sud les approvisionnements de l'armée, et finissent par se perdre dans le lointain et dans l'obscurité, car la nuit arrive ici rapidement. Je regagne mon *hôtel,* qui n'a pour plancher que la terre nue et raboteuse. On me sert un repas composé d'une pâte d'Italie affreusement pimentée, et d'un reste de mouton où il y a plus d'os et de graisse que de chair assimilable, et plus d'ail haché que de graisse. Au café éclate l'orage quotidien, qui s'éloigne aussi subitement qu'il est venu. Par un superbe clair de lune et une fraîcheur qui ressemble à du froid, je regrimpe du côté de la montagne, ne pouvant rassasier mes yeux de l'étrange spectacle de ce désert. Il faut pourtant songer à rentrer. La vieille Espagnole et son mari, le señor Diego, se sont mis en quatre pour disposer convenablement mon taudis ; ils me montrent avec complaisance la belle chambre que j'aurais occupée si elle n'eût été louée. Cependant le parquet est toujours la terre nue, mais il y a une porte et des fenêtres, comme au château du baron de Thonder-ten-Tronck, et même un semblant de plafond, tandis que mon logis n'a ni fenêtre ni plafond. Mais les draps sont blancs, et, la fatigue aidant, je ne tarde pas à m'endormir d'un sommeil réparateur.

24 septembre.

Ce sommeil se prolonge jusqu'à sept heures, ce qui est rare dans mes habitudes de voyage. Je paie mes braves hôtes, qui me donnent du café et du tabac par dessus le marché, et me dirige encore du côté de la montagne, en suivant le ravin, où la roche se trouve à découvert. L'orage n'a laissé aucune trace ; le ciel est superbe. Sur la carte provisoire de l'Algérie, ce Djébel-Antar est indiqué comme crétacé ; les couches en affleurement consistent en grès quartzeux très durs, sans fossiles, en bancs inclinés assez épais, mais le sol superficiel se compose de rognons et de grumeaux d'un calcaire tendre et blanchâtre, avec petites veines argileuses. Sur les bords du ravin, et presque au pied de la montagne, se présente une grande excavation, peut-être quelque puits naturel en voie de formation ; cependant, n'ayant pu recueillir aucun renseignement, je ne me sens pas assez édifié pour oser faire de ma découverte l'objet d'une communication scientifique. En tout état de choses, il y a là un trou vertical à peu près cylindrique, de 1 m. 80 à 2 m. de diamètre sur 3 de profondeur, dont les parois, également circulaires, s'exfolient en lames courbes et parallèles, surtout dans le bas. Il est creusé dans le massif calcaire superficiel, et tout au fond affleure le grès quartzeux en place. Une rigole dépendant du ravin vient aboutir obliquement et presque tangentiellement au sommet du puits, de façon que l'eau des crues qu'elle y amène ne peut que tourbillonner dans l'excavation et ressortir par le haut, remontant et entraînant au dehors les menus débris, si la vitesse est suffisante. Le puits se vide ensuite par infiltrations dans les couches meubles et perméables où il est creusé. Telle est du moins mon explication, pour le moment. Ce puits se trouve fort loin de toute habitation ; il ne porte aucune trace du travail de l'homme ; on ne voit nulle part les matériaux qui auraient pu en être extraits.

Ma curiosité imparfaitement satisfaite, je rebrousse chemin du côté du camp. Les soldats, en manche de chemise, procèdent à leur toilette matinale et à celle de leurs chevaux, qui sont attachés à de longues cordes tendues horizontalement sur le sol. Ces jeunes gens ont un entrain et une bonne humeur qui fait plaisir à voir. Quelques-uns aussi s'occupent de jardinage, et cultivent de petites planches de légumes autour des baraques voisines. Les abords de la gare sont envahis par une véritable armée de chameaux, qui continuent à emporter des approvisionnements dans le sud, où il y aura une petite guerre et de grandes manœuvres dans quelques jours. Les conducteurs vont à pied ; ils n'ont point de turban, et sont tondus à la mal-content, mais non plus rasés, comme les Arabes, qui ne conservent qu'un petit bouquet de cheveux au sommet de la tête. Dans la cohue des bêtes et des gens se remarquent des chefs indigènes, dont les chevaux, sellés et harnachés, demeurent parfaitement tranquilles, et se gardent tout seuls dès qu'on a laissé tomber par terre les courroies de la bride. En apparence plus pacifiques, les chameaux ne sont pas aussi disciplinés ; à chaque instant leurs conducteurs courent après eux pour les faire rentrer dans le groupe, dont beaucoup cherchent à s'écarter, même en ayant les jambes entravées ou une patte de devant maintenue pliée par une cordelette. Rien de grotesque comme le spectacle de ces pauvres animaux, déjà suffisamment grotesques par eux-mêmes, sautant et cabriolant sur leurs trois membres libres. D'ailleurs ils sont conduits avec beaucoup de douceur, et rarement les chameliers ont-ils besoin de se servir du court bâton qu'ils tiennent à la main. La bête s'accroupit à une simple pression exercée au bas du cou. Tous ses mouvements sont accompagnés de gémissements rauques et prolongés. Dès qu'on touche un chameau il se plaint, assurément par habitude plutôt que par souffrance. Ils sont parfaitement libres, sans brides ni licous d'aucune sorte. Tous les mâles ont été neutralisés, sans exception ; beaucoup de femelles sont accompagnées de leurs petits, et plusieurs ont les mamelles défendues, par un filet en cordelette, des visites trop fréquentes de leurs nourrissons. Ces chameaux sont des bêtes de charge, qui franchissent en moyenne 25 kilomètres par jour, en portant des poids de 200 à 300 kilogrammes, tandis que les méharis ou chameaux coureurs, peuvent faire 25 lieues par jour ; on en cite même qui ont franchi 300 kilomètres en deux jours. C'est beaucoup. Ils sont plus grands et plus blancs que les chameaux porteurs, dont le pelage, d'un fauve plus ou moins foncé, se rapproche quelquefois beaucoup du blanc ou du noir pur, sans y arriver jamais complètement. Ces pauvres bêtes méritent bien leur renom de sobriété. Au dire de l'employé qui me donne tous ces détails, et qui préside aux chargements, les chameaux se sustentent comme ils peuvent, chemin faisant, en broutant les herbes qu'ils rencontrent, et cela leur suffit quand ils ne traversent pas des déserts absolument arides. Le fait est que je n'ai jamais vu une caravane emportant du fourrage. A chaque instant le chameau en marche s'arrête pour arracher quelque brindille, et souvent quitte la troupe pour revenir en arrière ; aussi le métier de chamelier n'est-il pas une sinécure. Cet employé ajoute que les chameaux souffrent à un autre régime, et dit que les transports militaires en ont perdu beaucoup quand on leur donnait de l'orge, comme aux chevaux. Cependant j'en ai vu qui mangeaient de l'orge au marché de Perrégaux. Leur fardeau varie en raison de l'âge et de la taille : sur les plus grands on met quatre sacs des subsistances militaires, pesant 70 kilogrammes l'un ; les bêtes de moyenne stature et les chamelles ne portent que trois sacs, et les jeunes, deux seulement. Le chargement s'opère en un instant, et les paquets sont fixés par des chevilles de bois qu'on passe dans les boucles des cordelettes du harnais, et qui dispensent de faire des nœuds ; ils reposent sur une espèce de bât elliptique percé au centre pour le passage de la bosse, et se maintiennent ainsi solidement. En apparence fort incommode, cette bosse est donc le plus utile des auxiliaires ; si elle n'existait pas il faudrait l'inventer. D'ailleurs le chameau n'est pas si stupide qu'il en a l'air, et l'on en voit beaucoup, surtout parmi les jeunes, s'échapper de la bande avant d'être chargés, et chercher à se dissimuler dans le groupe de ceux qui viennent de recevoir leur fardeau, et qu'on pousse en avant.

A 10 h. a lieu le départ. Sans incident notable, nous parcourons en sens inverse le chemin de la veille. A la station de Krafalla, où l'on s'arrête presque une heure, et pendant que mes compagnons de voyage absorbent le Perrenod (c'est ainsi qu'on appelle l'absinthe en Algérie, du nom du célèbre fabricant de Pontarlier), je visite les grands dépôts d'alfa, autour desquels on décharge de nombreux chameaux. Mon cantinier de l'autre jour me fournit les renseignements suivants : les entrepreneurs de l'exploitation donnent aux ouvriers espagnols 2 fr. 50 pour un quintal d'alfa, un peu moins aux Arabes ; un homme arrache facilement deux quintaux par jour, quelquefois trois ; la Compagnie ne prend que la denrée sèche, d'où résulte un déchet d'environ 20 %. Quand les chantiers sont incendiés, ce qui arrive assez souvent, il faut cinq ou six années pour les reconstituer, mais alors le produit augmente ; d'ailleurs on fait toujours la récolte aux mêmes lieux ; elle devient d'autant meilleure que l'exploitation est plus ancienne.

A 7 h. 1/2 nous descendons à Saïda. Les comédiens ont envahi l'hôtel, et je dois me contenter d'un lit de sangle dressé à côté du billard. Le soir, le régisseur me conduit au théâtre de ses futurs triomphes, car il joue les jeunes premiers, et, au besoin, les pères nobles. C'est une sorte de café-concert ayant la structure et l'aspect d'un grand hangar; on marche sur la terre nue et raboteuse, mais il y a une petite scène, des décors et même des coulisses ; les consommateurs fourmillent, tant militaires que civils : somme toute, mon homme pourrait bien y gagner quelque argent.

25 septembre.

Rien de remarquable non plus pendant le retour à Perrégaux. Nous sommes redescendus dans les plateaux de l'étage moyen. J'ai pour compagnon de route un employé des forêts et un agent d'assurances, qui me renseignent chemin faisant. Les pentes montagneuses de la vallée de l'Oued-Saïda et celles qui limitent partout les hauts plateaux, sont couvertes en partie de forêts quelquefois assez denses, composées surtout d'essences résineuses. On cherche à combler les intervalles ainsi que les éclaircies provenant des incendies, en y introduisant le cèdre et le pin d'Alep. Toujours allumés par les indigènes, ces incendies ont été particulièrement nombreux cette année ; ils annoncent quelquefois les insurrections. Pour donner de l'étendue à leurs pâturages, les Arabes font ainsi disparaître des centaines d'hectares de forêts superbes, après avoir tenu entre eux des conciliabules clandestins. Tous les individus sont également coupables ; la douceur ne sert de rien, et l'on réclame partout des exemples. Une autre cause de désastres presque aussi funeste, c'est l'administration militaire, qui change à chaque instant de système, si toutefois elle en a un. On peut être excellent général et fort mauvais sylviculteur. Tel chef a vu des forêts où il n'y avait que des friches, tel autre a pris pour des friches une superbe forêt qu'on me montre dans le lointain, et a permis d'y pâturer et d'y fourrager. On a essayé d'employer dans les chantiers des ouvriers français, qui se plaignaient qu'on leur préférât les Espagnols et les Arabes, mais ils décampent après avoir reçu leurs avances. Tels sont les renseignements que me donnent ces messieurs, et que je reproduis sans commentaire. Voyaient-ils aussi les choses en noir ?

Tout en devisant nous arrivons à la station de Tizi, qui dessert Mascara. La ville occupe le versant méridional d'une colline fort longue allant de l'ouest à l'est ; elle est séparée en deux quartiers distincts par un ravin, qu'on aperçoit très bien d'ici. Distrait par la conversation de mon régisseur, dans la grosse femme impotente duquel j'avais fini par reconnaître, à mon extrême surprise, la svelte et charmante dugazon applaudie avec tant d'ardeur par les Toulousains il y a quelque vingt ans, j'avais passé une première fois devant Mascara sans y prendre garde. Mes compagnons de voyage, qui descendent ici, ont à faire encore 13 kilomètres en omnibus avant d'arriver à la ville. Telles sont les illusions d'optique auxquelles on se trouve exposé à chaque instant, en raison de l'extrême transparence de l'air, que malgré mon habitude des contrées méridionales, j'aurais parié pour 4 ou 5 kilomètres au plus. Sans accident, heureusement, nous franchissons les talus dangereux de l'interminable descente dans la plaine, laissant cette fois à main droite le lac et le barrage de l'Habra, et bientôt les dattiers et les bananiers de Perrégaux annoncent la région basse. On ne fait que traverser la petite ville en omnibus, l'arrivée de notre train coïncidant avec le passage de celui qui conduit à Oran, où nous arrivons à la nuit close.

---

Nantes, imp. vᵉ Camille Mellinet, p. du Pilori, 5. L. Mellinet et Cie, succrs.

www.ingramcontent.com/pod-product-compliance
Lightning Source LLC
LaVergne TN
LVHW010307230826
846091LV00007BB/2757

*9782013422642*